LA GUERRA DE COREA

El símbolo del enfrentamiento entre dos mundos

Por Quentin Convard
En colaboración con Thomas Jacquemin
Traducido por Elena Muñoz Galvez

Historia en50MINUTOS.es

LA GUERRA DE COREA

DATOS CLAVE

- **¿Cuándo?** Del 25 de junio de 1950 al 27 de julio de 1953.
- **¿Dónde?** En Corea.
- **¿Contexto?** La Guerra Fría (1945-1990).
- **¿Beligerantes?** Corea del Norte y sus aliados (China y la Unión Soviética) contra Corea del Sur y las Naciones Unidas (fundamentalmente los Estados Unidos).
- **¿Actores principales?**
  - Syngman Rhee, político surcoreano (1875-1965).
  - Douglas MacArthur, general estadounidense (1880-1964).
  - Harry S. Truman, estadista estadounidense (1884-1972)
  - Kim Il-sung, mariscal y estadista norcoreano (1912-1994).
- **¿Resultado?** La firma de un armisticio sin un vencedor real y el reconocimiento de dos Estados.
- **¿Víctimas?**
  - Bando norcoreano: 1 820 000 muertos, heridos y desaparecidos civiles y militares, según diversas fuentes.
  - Bando surcoreano: 1 550 000 muertos, heridos y desaparecidos civiles y militares, según diversas fuentes.

INTRODUCCIÓN

La guerra de Corea, que comienza siendo un conflicto fratricida, adquiere un alcance mundial al enfrentar al bloque occidental con el bloque comunista. Esta guerra materializa durante tres años la confrontación entre el Este y el Oeste.

A las 4 de la mañana del 25 de junio de 1950, el capitán Dorrigo, del Korean Military Advisory Group, se despierta por los bombardeos: Corea del Norte acaba de atravesar el paralelo 38, la frontera imaginaria que separa a los dos países, y está atacando a su vecino del Sur. El militar da inmediatamente la alerta. Varias semanas después, los Estados Unidos, con el general Douglas MacArthur al frente, entran en guerra contra Corea del Norte y la ONU envía sus fuerzas armadas por primera vez desde su creación. Un año después, en febrero de 1951, el conflicto se estanca. De forma paralela, los bandos occidental y comunista llevan a cabo negociaciones que desembocarán en un armisticio en 1953.

Treinta años después de estos acontecimientos, todavía no se ha producido la reunificación de Corea y siguen existiendo muchas tensiones.

CONTEXTO POLÍTICO Y SOCIAL

LA DIVISIÓN DE COREA

El 15 de agosto de 1945, Japón acepta la rendición sin condiciones ante los vencedores de la Segunda Guerra Mundial (1939-1945). Los coreanos, bajo el yugo del Imperio del Sol Naciente desde 1910, están eufóricos y convencidos de que por fin podrán recuperar sus vidas. De inmediato, la península coreana se fija como objetivo formar una sola y única gran democracia que una el Norte y el Sur del país. Sin embargo, los Estados Unidos, Gran Bretaña y China tienen otros proyectos para este pequeño territorio asiático. Desde la conferencia del Cairo de 1942, estas tres naciones abogan por que Corea vuelva a ser libre e independiente, pero solo a su debido tiempo. Dos años después, en la conferencia de Yalta, vuelven a reafirmar este deseo y la Unión Soviética se suma al mismo.

Durante la guerra mundial, los soviéticos, a petición de Franklin Delano Roosevelt (estadista estadounidense, 1882-1945), toman parte en el conflicto que enfrenta a los Aliados con Japón. Es entonces cuando se acuerda el reparto de la península entre los rusos y los estadounidenses. Para ello, el general Douglas MacArthur (1941-1945), héroe de la guerra del Pacífico, sugiere dividir el país en dos a la altura del paralelo 38, lo que corresponde más o menos a dos mitades iguales del territorio coreano. Esta línea arbitraria y artificial, que atraviesa montañas de más de 2000 metros, no tiene en absoluto en cuenta el relieve, la economía o la sociedad, y provoca así ciertas situaciones grotescas. Por ejemplo, una parte de la ciudad de Kaesong se encuentra en el sector soviético y la otra bajo jurisdicción estadounidense. No obstante, esta frontera imaginaria no tiene vocación de perdurar y, en un principio, tiene que servir únicamente para acoger más fácilmente la rendición de las tropas japonesas, ante los soviéticos en el Norte y ante los estadounidenses en el Sur.

En 1946 se establece una comisión mixta soviético-estadounidense que, apelando a todas las formaciones políticas democráticas de Corea, tiene por objetivo formar un gobierno provisional. Pero las incipientes tensiones entre las dos grandes potencias hacen que esta comisión no consiga su propósito. Un año después, los Estados Unidos llevan la cuestión del futuro de Corea ante las Naciones Unidas. Se constituye así una nueva comisión cuya finalidad es supervisar la organización de elecciones independientes con vistas a la formación de un Gobierno. Pero los soviéticos son hostiles a las Naciones Unidas, a la que consideran como una organización sometida a los Estados Unidos, y se niegan a admitir a la comisión en su zona de ocupación de Corea. La parte norte del país boicotea pues las elecciones y solo el Sur está llamado a las urnas. Syngman Rhee es elegido primer jefe de Gobierno en julio de 1948 e, inmediatamente después, se proclama la República de Corea, con Seúl como su capital. De forma paralela, el norte del país, controlado por la Unión Soviética, también organiza unas elecciones, supervisadas por la Unión Soviética y no por la ONU. Las urnas dan la mayoría a los partidos de izquierda y Kim Il-sung, quien había formado parte de la resistencia contra el opresor japonés, es designado jefe. El Norte se proclama independiente y recibe el nombre de República Popular Democrática de Corea.

Así, de este enfrentamiento nacen dos Coreas que afirman, cada una de ellas, representar de forma legítima al conjunto de la península. Los dos nuevos jefes de Estado desean reunificar el país, cada uno según su propia ideología política, y ambos están dispuestos a recurrir a las armas si la situación lo exige. Se reúnen así todas las condiciones para que estalle una guerra civil; tan solo la presencia de las dos grandes potencias podría disuadir a las dos Coreas de llegar a las armas. Sin embargo, resulta paradójico que sean la ausencia y la enemistad entre las dos grandes potencias lo que suma a la península en una guerra feroz. En 1949, en un margen de seis meses, se retiran de la península tanto las tropas estadounidenses como las soviéticas, dejando tras de sí a unos cuantos militares procedentes de ambos bandos que se encargan de entrenar a los jóvenes ejércitos coreanos.

¿QUIÉN TOMA LA DECISIÓN DE ATACAR?

Sesenta años después del conflicto, se ignora todavía quién tomó la decisión de atacar y permitir a los norcoreanos atravesar el paralelo 38, punto de partida de la guerra de Corea. Aunque parece difícil que Joseph Stalin (estadista soviético, 1879-1953) no diera su acuerdo —o al menos su consentimiento— al ataque, no hay que excluir la voluntad de Kim Il-sung de enfrentarse con el Sur. De lo que no cabe ninguna duda es de que el bando socialista subestimó las repercusiones del ataque y que no previó en absoluto que los Estados Unidos y las Naciones Unidas entrarían en la guerra.

El 12 de enero de 1950, Dean Acheson (1893-1971), secretario de Estado estadounidense, anuncia que el perímetro defensivo de los Estados Unidos se extiende desde las islas Aleutianas (en el noroeste de los Estados Unidos) hasta Japón, y desde las islas Ryukyu (archipiélago japonés) hasta Filipinas, omitiendo así a Corea del Sur, lo que confirma Douglas MacArthur. Moscú interpreta esta desafortunada declaración como una invitación para invadir Corea. Además, en esta época, los soviéticos menosprecian el estado del ejército estadounidense y consideran que Washington no tiene la capacidad de enviar con rapidez un ejército a terreno desconocido. A su juicio, los Estados Unidos poseen un impresionante armamento atómico pero tienen importantes lagunas en sus medios militares, considerados demasiado clásicos. Esta situación era cierta al terminar la Segunda Guerra Mundial, en la que los científicos habían reemplazado a los soldados de infantería. Pero el presidente Harry S. Truman abandona de forma progresiva esta táctica y, a partir de abril de 1950, empieza a reconstruir un ejército de tierra. Por último, los soviéticos saben que los Estados Unidos han recibido con desconfianza al nuevo presidente surcoreano, Syngman Rhee. El bloque socialista no cree que Washington vaya a arriesgar demasiado para defender a este jefe de Estado que se comporta de manera casi dictatorial: reprime de forma violenta toda actividad comunista —el territorio surcoreano cuenta con unos 14 000 prisioneros políticos— y, desde su elección, amenaza abiertamente con atacar Corea del Norte. Además, los Estados Unidos se niegan a contribuir al armamento de Corea del Sur, y prefieren controlar y mantener el derecho de supervisar su ejército.

Sin embargo, los acontecimientos que tienen lugar a continuación demuestran cuanto se equivocó el bloque soviético respecto a las intenciones estadounidenses. Por su parte, los Estados Unidos están convencidos de que Moscú está fomentando la revuelta norcoreana para alterar de forma unilateral el equilibrio de fuerzas en Extremo Oriente. Además, los republicanos continúan criticando a Harry S. Truman tras el fracaso de las negociaciones en China, donde los comunistas han accedido al poder. El presidente, para intentar hacer callar a sus detractores, decide entonces movilizar fuerzas estadounidenses en Corea.

¿SABÍAS QUE...?

China y los Estados Unidos mantienen relaciones cordiales desde finales del siglo XIX. Pero en 1945, cuando se vence a Japón, sus relaciones se deterioran. China está dividida en dos campos políticos: los nacionalistas y los comunistas. Los Estados Unidos deciden apoyar públicamente al nacionalista Chiang Kai-shek (1887-1975). Su oponente, el comunista Mao Zedong (1893-1976) lo interpreta como una amenaza de guerra. La situación se vuelve más explosiva todavía en el momento de la capitulación de Japón, cuando los estadounidenses organizan un puente marítimo para ayudar a los nacionalistas a tomar el control de las grandes ciudades antes que los comunistas.

El fracaso de las negociaciones entre ambos dirigentes chinos amenaza con una guerra civil. Entonces, el presidente Harry S. Truman envía, entre 1945 y 1947, al general George Catlett Marshall (1880-1959) para intentar calmar la situación. Pero el emisario fracasa en su tarea de reconciliar ambas partes y la guerra civil estalla finalmente. Aunque los estadounidenses aportan apoyo financiero y material a los nacionalistas, los medios utilizados son demasiado escasos para garantizar una victoria. El 1 de octubre de 1949, Mao Zedong entra en Pekín y proclama la creación de la República Popular de China, que es reconocida por la Unión Soviética y los países del bloque soviético, y Chiang Kai-shek huye a Taiwán.

ACTORES PRINCIPALES

SYNGMAN RHEE, POLÍTICO SURCOREANO

Retrato de Syngman Rhee.

Syngman Rhee, apodado el «viejo terrible», tiene 75 años cuando estalla la guerra de Corea en 1950. De descendencia real, se afilia en 1894 al Club de la Independencia, fundado por un político y periodista coreano, para luchar desde la política contra la influencia de Japón. En 1897 es encarcelado por sus ideas. En 1904 es puesto en libertad y se exilia a los Estados Unidos. En su país de acogida obtiene un doctorado en Filosofía y lidera la oposición nacionalista coreana desde Hawái, donde se ha instalado.

Tras la capitulación de Japón en 1945, vuelve a Corea después de cuarenta años de exilio. Allí funda la Asociación Nacional por la Independencia de Corea, que gana las elecciones de 1948, y se convierte en el primer presidente de la parte sur de Corea, proclamada República de Corea. Aunque es valiente y un patriota, los Estados Unidos desconfían de él, sobre todo en materia de armamento, debido a su carácter autoritario y a su concepción tiránica de la política.

Cuando termina la guerra de Corea, Syngman Rhee es reelegido en cuatro ocasiones. Pero sobre su última victoria electoral planean graves irregularidades y, en 1960, un importante levantamiento popular le obliga a volver a Hawái, donde permanece hasta el final de sus días. Fallece en 1965.

DOUGLAS MACARTHUR, GENERAL ESTADOUNIDENSE

Retrato de Douglas MacArthur.

Douglas MacArthur, de origen escocés e hijo de un gober-
nador de Filipinas, es un militar estadounidense de gran

reputación. En 1903, sale de la academia militar de West Point como comandante, y con 38 años, cuando combate en Francia, es ascendido a general del ejército. En los años treinta, se convierte en jefe del Estado Mayor del ejército estadounidense. En la reserva desde 1937, vuelve a ser llamado a filas en 1941 y sirve en el Pacífico, donde durante dos años participa y destaca en diversas batallas. El 2 de septiembre de 1945, recibe la capitulación del Imperio del Sol Naciente y, a continuación, contribuye como procónsul a la recuperación y a la democratización de Japón.

Douglas MacArthur se considera mejor situado que Harry S. Truman en cuestiones relativas a Asia. Conocido por su frase «uno se hace famoso por las órdenes que desobedece» (Solar 2015), aplica al pie de la letra este lema durante la guerra de Corea. Así, no duda en ignorar las órdenes de sus superiores y la autoridad política. Pese a ser suspendido en abril de 1951 por sus diferencias y su falta de respeto a la jerarquía, goza de una gran popularidad en su país. Muchos veían en él un futuro presidente pero, tras retirarse de forma definitiva de la vida militar, fallece en 1964.

HARRY S. TRUMAN, ESTADISTA ESTADOUNIDENSE

Harry S. Truman firmando la implicación de los Estados Unidos en la guerra de Corea.

Nada hacía prever a este juez del condado de Jackson

(Oregón) que se convertiría en el 33.º presidente de los Estados Unidos y, menos aún, que tendría, entre otras cosas, que asumir los retos de la Segunda Guerra Mundial y de la guerra de Corea. Miembro del partido demócrata, Harry S. Truman es elegido senador en 1934 y, posteriormente, Franklin Delano Roosevelt lo elige como su vicepresidente. El presidente sucumbe a un derrame cerebral el 12 de abril de 1945 y Harry S. Truman, tras ocupar la vicepresidencia durante 82 días, le sustituye al frente del país. El nuevo presidente desconoce todo del proyecto Manhattan, que alberga las investigaciones sobre la bomba atómica. Aun así, es él quien da la orden de utilizarla para poner fin a la Segunda Guerra Mundial; el mundo entra de esta forma en la era nuclear. Tras ser elegido en 1948, su segundo mandato está principalmente marcado por la guerra de Corea. Sus posiciones en el conflicto, como la decisión de recurrir a las Naciones Unidas, son al principio bien recibidas por la opinión pública estadounidense. Sin embargo, cuando destituye al general MacArthur, su cuota de popularidad se desploma y sufre numerosos ataques por parte de los senadores, que le acusan de querer responsabilizar a los oficiales que combaten en Corea. Pese a la victoria estadounidense, el presiente no consigue recuperar la confianza de sus conciudadanos, y así llega al final de su mandato. Cuando abandona el despacho oval en 1953, se consagra a la redacción de sus memorias y participa en algunas campañas para apoyar a los candidatos demócratas. Fallece el 5 de diciembre de 1972 a los 88 años.

KIM IL-SUNG, CAPITÁN GENERAL Y ESTADISTA NORCOREANO

Retrato de Kim Il-sung.

Originario de Pyongyang (capital de Corea del Norte), Kim Il-sung es el fundador de Corea del Norte y es elegido como su primer dirigente en 1948. Tiene 38 años cuando ataca Corea del Sur. Pese a la importancia que reviste en la historia coreana, es difícil conocer con exactitud la vida de este personaje debido a que el culto que le rodea interfiere con la realidad.

No obstante, se sabe que en 1931 se afilia al Partido Comunista, en el que se encarga de organizar el ejército popular revolucionario que lucha contra la ocupación japonesa. Su principal logro como miembro de la resistencia es la ocupación, en junio de 1937, de Pochonbo (no lejos de la frontera china), ciudad que mantiene durante un día antes de huir y eludir a la policía japonesa.

Aunque se le presenta como un héroe de la Segunda Guerra Mundial, no se conoce con exactitud su papel. Algunas fuentes lo describen como un importante combatiente del Ejército Rojo durante la batalla de Stalingrado (23 de octubre de 1942-2 de febrero de 1943). Cercano a las altas instancias comunistas, la Unión Soviética lo sitúa en 1946 al frente del Comité Popular Provisional. En 1948 es elegido para dirigir Corea del Norte y establece la transmisión hereditaria del poder, lo que permite a su hijo Kim Jong-il (1942-2011) sucederle a su muerte en 1994.

ANÁLISIS DE LA GUERRA

EL DESARROLLO DEL CONFLICTO

Gracias a una serie de incursiones relámpago, Corea del Norte invade a su vecino en tres días. Después, los estadounidenses controlan la península en un mes. Posteriormente, los chinos repelen a los occidentales en unas semanas. La situación se estanca durante dos años. Finalmente, se firma un armisticio sin un claro vencedor. Aunque el conflicto está marcado por batallas espectaculares —como la segunda batalla de Seúl (22-25 de septiembre de 1950) o la de Incheon (15-28 de septiembre de 1950)—, es en la ONU, entre negociaciones políticas, ardides administrativos y juegos diplomáticos, donde se juega decide en un primer momento la suerte del país.

Las fuerzas presentes durante la guerra varían según las fuentes consultadas, aunque sí se puede estimar el número de militares que participan a lo largo de todo el conflicto:

- alrededor de un millón de combatientes comunistas, de los cuales:
  - 206 000 norcoreanos;
  - 780 000 chinos.
- 1 150 000 combatientes surcoreanos y de las Naciones Unidas, de los cuales:
  - 590 000 surcoreanos;
  - 480 000 estadounidenses;
  - 63 000 británicos.

LA INVASIÓN RELÁMPAGO NORCOREANA

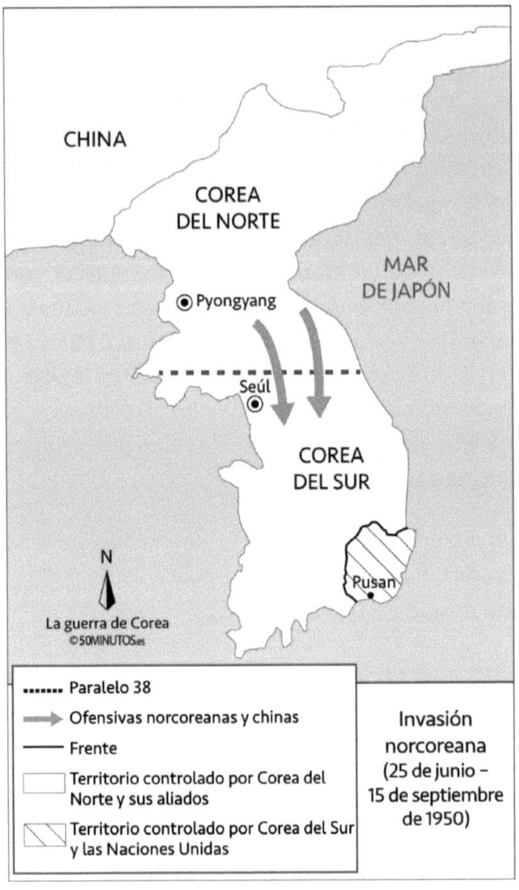

Los norcoreanos deciden atacar a sus vecinos del Sur con la excusa de una incursión surcoreana que habría tenido lugar sobre el paralelo 38 tras el fracaso de las negociaciones. El ejército norcoreano, apoyado y equipado por los soviéticos, que sin embargo no participan de forma oficial, cruza la frontera imaginaria en la madrugada del 25 de junio de 1950 sin una declaración de guerra previa. Los dos cuerpos del ejército del Norte agrupan a 138 000 hombres, mientras que los surcoreanos cuentan con un pequeño ejército de 38 000 soldados, repartidos en cuatro divisiones y un regimiento del que dos tercios están de permiso. Además, los norcoreanos disponen de un importante equipamiento militar: 150 tanques soviéticos, 1700 piezas de artillería y 200 aviones de combate. Gracias a una táctica bien preparada, que prevé atacar de forma simultánea cinco puntos estratégicos, supera con facilidad las resistencias del Sur y rápidamente gana terreno en Corea del Sur.

La ONU lanza de inmediato una llamada al alto el fuego que el invasor ignora. Este continúa con su conquista, que espera sea rápida y termine el 15 de agosto, día del quinto aniversario de la independencia. La antigua capital de Corea, Kaesong, en la carretera que une Pyongyang con Seúl, cae pronto bajo la ofensiva de los tanques. Las tropas del general Chai se encuentran a tan solo 33 kilómetros de Seúl. En un primer momento, la aviación del opresor bombardea el aeródromo de Kimpo, cerca de la capital, donde se encuentran los aviones del ejército de Corea del Sur. En Chuncheon, la infantería norcoreana encuentra sin embargo algunas dificultades: no puede recibir apoyo ni de sus tanques ni de sus aviones mientras que los efectivos surcoreanos están al completo. El general Chai dispone sin embargo de un número más elevado de hombres. Tras forzar una ofensiva, consigue sus objetivos: tres días después, en la tarde del 28 de junio, Seúl cae a manos de los norcoreanos.

LA ENTRADA DE LAS NACIONES UNIDAS EN LA GUERRA

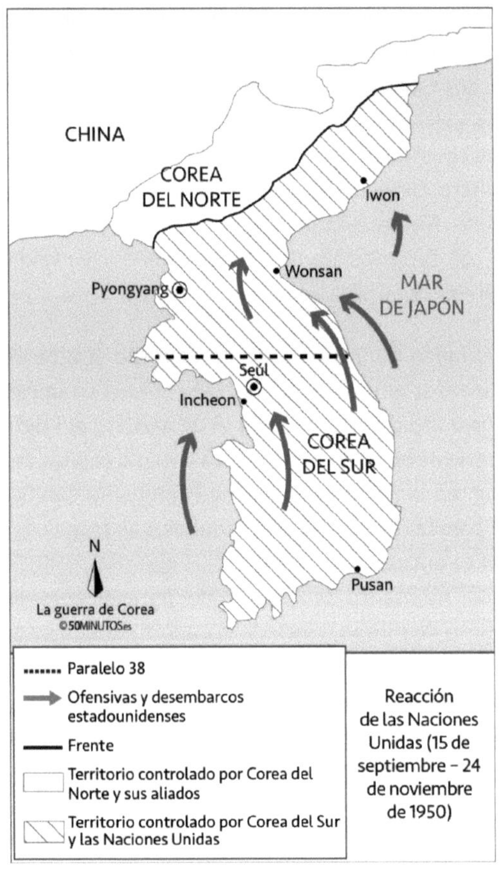

El 27 de junio de 1950, a petición del delegado de los Estados Unidos, Warren Austin (1877-1962), el Consejo de Seguridad de la ONU adopta, por siete votos a favor, uno en contra (Yugoslavia) y dos abstenciones (India y Egipto), la resolución que invita a los miembros de las Naciones Unidas a prestar un apoyo militar significativo a Corea del Sur para repeler al invasor detrás de la frontera. Esta votación es posible gracias al boicot de la Unión Soviética al Consejo de Seguridad. En efecto, la Unión Soviética reclama el reconocimiento de la China Popular por parte de Occidente y su entrada en la ONU. Los soviéticos deciden no asistir a las sesiones de la organización hasta que su petición sea escuchada, sin imaginarse por un momento que los otros países aprovecharían la ocasión para aprobar la resolución.

Por su parte, los Estados Unidos no esperan a esta decisión para intervenir. Al enterarse de la invasión, Harry S. Truman ordena suministrar al gobierno de Seúl las armas que necesita, algo a lo que sin embargo se había negado hasta entonces debido al carácter belicoso de Syngman Rhee. El 27 de junio, antes de la votación en el Consejo de Seguridad, el presidente, en una declaración a la nación, comparte sus intenciones e invita a la Unión Soviética a aclarar su posición en el conflicto y a utilizar su influencia sobre Corea del Norte para que repliegue sus tropas. La Unión Soviética se atiene a la versión oficial del Gobierno de Pyongyang, que asegura que es el Sur quien primero ha abierto fuego, y afirma que respeta su política de no intervención.

El 29 de junio, Harry S. Truman envía a la península 33 000 hombres, que recibirán el apoyo del mando de las

Naciones Unidas. Este mando, creado para la ocasión el 7 de julio, tiene al frente al general estadounidense Douglas MacArthur, procónsul en Japón desde 1945. Además, aunque todos los países con representación en la ONU envían un contingente, la mayoría de las tropas está formada por soldados estadounidenses. Por lo tanto, la dirección táctica de las operaciones está en manos del Gobierno de los Estados Unidos y no de las Naciones Unidas.

LOS ESTADOS UNIDOS AL FRENTE DE LAS OPERACIONES

Entorpecidos por el monzón, el desconocimiento del terreno, la inexperiencia de los soldados, el relieve y la falta de preparación, el ejército estadounidense sufre al principio duras derrotas. Los soldados, que en su mayoría vienen de Japón, un territorio bastante apacible, no están acostumbrados a estas condiciones. El primer combate, que tiene lugar en Osan (al sur de Seúl) se salda con una debacle de los occidentales, y durante la toma de Daejeon el general estadounidense William Frishe Dean (1899-1981) es hecho prisionero. A finales del mes de julio, la situación es catastrófica: las tropas de las Naciones Unidas controlan solo la esquina sureste de la península.

El 10 de agosto la guerra comienza a cambiar a favor de las Naciones Unidas. A la espera de refuerzos, el general estadounidense Walton Walker (1889-1950) lanza una primera ofensiva: bombardea con intensidad Corea de Norte hasta cortar sus líneas de aprovisionamiento. El 14 de agosto, Najin, la principal base de avituallamiento del

Norte a tan solo 27 kilómetros de la frontera rusa, recibe 500 toneladas de bombas. Los norcoreanos tienen que retroceder y abandonar primero Daegu y, después, Phang, a la que atacan sin embargo sin descanso. Las Naciones Unidas consiguen repeler las tropas del Norte y pueden ahora lanzar una contraofensiva. Así, el 15 de septiembre, el general Douglas MacArthur abre un segundo frente en Incheon, donde quiere atrapar a los ejércitos adversarios. Pasar por esta ciudad parece, al menos sobre el papel, la opción más acertada. Próxima a Seúl, es una plaza fuerte del ejército del Norte y, una vez tomada, su emplazamiento estratégico permitiría cortar las comunicaciones y los abastecimientos del ejército enemigo. Pero su acceso es difícil y los estadounidenses solo tienen la opción de acceder por el mar y por el canal este, de fácil bloqueo. La empresa es aún más ardua debido a la fuerte corriente del canal, que hace prácticamente imposible navegar. A esto se añade que las posibilidades de anclaje en el mar son nulas y que el puerto está rodeado por grandes diques.

El general MacArthur observando el bombardeo de Incheon.

Pese a estos obstáculos, Douglas MacArthur decide planear su operación, conocida con el nombre en clave de «Chromite». El general cree poder aprovechar estas dificultades, ya que los coreanos no se esperan un desembarco en este lugar, sino más al sur, en Gunsan. Además, el general estadounidense, que conoce bien la región, quiere que la contraofensiva sea rápida para evitar que la campaña prosiga en el invierno, una estación con fama de ser especialmente dura en Corea. Así, para apoyar la preparación del desembarco, la CIA envía secretamente tropas a una isla cerca del puerto para que proporcionen información estratégica a los soldados.

EL DESEMBARCO ESTADOUNIDENSE EN INCHEON

Los estadounidenses desembarcan en tres sitios:

* Green Beach, en la isla de Wolmido;
* Red Beach, que rodea Incheon;
* Blue Beach, que también rodea Incheon;

Los combates más violentos tienen lugar en Green Beach. Los estadounidenses, con el respaldo de un batallón de infantería, una decena de tanques, buques de asalto utilizados durante la Segunda Guerra Mundial y un apoyo aéreo que lanza sobre el territorio bombas de napalm, se apoderan de la isla tras seis horas de combate. El desarrollo de los otros dos ataques estadounidenses es más fácil y rápido, lo que permite a los soldados estadounidenses sitiar la península y atacar a los norcoreanos desde dos frentes.

Tras la victoria en la batalla de Incheon, la presión de las Naciones Unidas se intensifica y las tropas norcoreanas se ven forzadas a replegarse. Aunque muchos soldados del Norte huyen o se mezclan con los refugiados, algunos resisten y aprovechan la confusión para tomar, en pequeños grupos, varias ciudades y ralentizar así el avance de las tropas occidentales. Pero esta resistencia no dura mucho: tras retomar Seúl el 28 de septiembre de 1950, 100 000 de los 130 000 soldados norcoreanos que participan en la batalla no volverán nunca. A comienzos del mes de octubre, se destruyen en Uijeongbu las últimas unidades norcoreanas.

Soldados estadounidenses en una batalla callejera en Seúl, en septiembre de 1950.

Los estadounidenses continúan su avance hacia el Norte y, el 10 de octubre, atraviesan el paralelo 38. Tres días después, Douglas MacArthur manda bombardear durante todo un día la ciudad de Chongjin, a cerca de 60 kilómetros de Manchuria. Se trata de uno de los centros industriales más importantes de Corea del Norte, con lo que al atacar esta plaza fuerte cerca de la frontera china el general está dirigiendo un mensaje claro al campo comunista. Inmediatamente después, cae Pyongyang y, el 26 de octubre, las tropas de las Naciones Unidas alcanzan las orillas del Yalu (o Amnok), el río que separa Manchuria de Corea, lo que les permite controlar el conjunto de la península.

EL PARALELO 38

Aunque la misión inicial de los Estados Unidos era repeler a los norcoreanos hacia su territorio, los occidentales no dudan en cruzar la frontera. El ejército, animado por la victoria, no se plantea las consecuencias diplomáticas que dicha acción podría acarrear. En un primer momento, la ONU no había previsto ninguna expedición terrestre. Sin embargo, ocho países aliados de los Estados Unidos presentan ante la Asamblea de las Naciones Unidas una resolución; en ella se estipula que la prioridad es garantizar la estabilidad en el conjunto de la península, sin importar los medios. Se autoriza así a las tropas, de forma implícita, a cruzar el paralelo 38 y a continuar los combates más allá de la frontera.

Respaldado por su victoria, Douglas MacArthur cree que, para asestar un golpe fatal al comunismo y borrar la derrota estadounidense de 1949 en China, es crucial atravesar el paralelo 38. A su juicio, la victoria solo será completa una vez que el ejército norcoreano haya sido erradicado. No concede demasiada importancia a las amenazas chinas proferidas tras la violación del paralelo 38.

LA ENTREVISTA ENTRE DOUGLAS MACARTHUR Y EL PRESIDENTE

Tras cruzar el paralelo 38, las relaciones entre Harry S. Truman y Douglas MacArthur se deterioran a tal punto que la destitución de este último parece inevitable. El general estadounidense propone una política agresiva y violenta ante el comunismo, mientras que el presidente, temiendo la extensión del conflicto a China, busca tratar con indulgencia a Pekín. Sin embargo, lo que más contribuye a empeorar las relaciones entre los dos hombres es que el general no muestra ningún reparo en criticar los métodos de su propio Gobierno, incluso públicamente. Douglas MacArthur es el hombre fuerte en Asia: le rodea un cierto halo ganado durante las batallas del Pacífico, es procónsul en Japón y disfruta de una cierta libertad de acción. Sin embargo, hace catorce años que no pisa los Estados Unidos y está desconectado de la realidad de su país y de la opinión pública.

El 15 de octubre, el presidente viaja hasta la isla de Wake para entrevistarse con él. Se le pasa por la cabeza la idea de destituirle de sus funciones, pero quiere evitar avergonzarle públicamente y hacer de él un peligroso enemigo. Se supone que esta entrevista es una llamada al orden del oficial; sin embargo, que el presidente se desplace en persona le confiere al mismo tiempo un prestigio aún mayor.

Durante la entrevista, el general se disculpa por sus recientes extravagancias, pero se mantiene firme en su posición. A su juicio, Corea está ya derrotada y los chinos no tienen ningún interés en defenderla enviando un ejército, ya que sufrirían directamente una importante derrota. Es pues momento de terminar con la guerra y de permitir que los soldados regresen a casa. Harry S. Truman termina por aceptar confiar en él, pero le recuerda que las cuestiones sobre política exterior son competencia del presiente y no del mando militar.

LA ENTRADA DE CHINA EN LA GUERRA

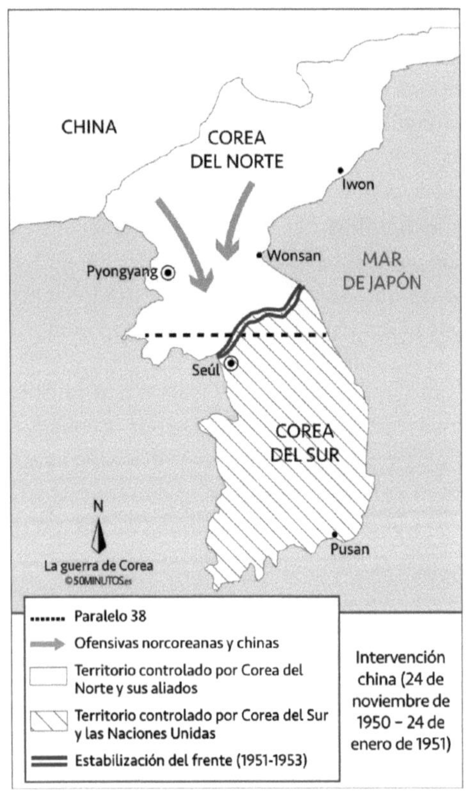

Mientras los dos estadounidenses fuertes del conflicto se entrevistan por primera vez, soldados chinos desembarcan discretamente en Corea. Esta nueva invasión es descubierta tan solo diez días después gracias a la captura de los primeros prisioneros, y provoca un recrudecimiento de las guerrillas de los partidarios del régimen comunista por toda la península. En efecto, varios grupos de entre 10 y 1000 hombres colocan minas y ejecutan incursiones en las instalaciones estadounidenses, constituyendo un peligro permanente. Además, el 24 de octubre, los chinos despliegan a lo largo del Yalu 200 000 hombres, preparados para intervenir contra las fuerzas de las Naciones Unidas. Los primeros combates directos entre los chinos y los estadounidenses estallan el 31 de octubre. El comandante chino Lin Piao (1908-1971), al frente de un importante ejército formado por 56 divisiones, se abate sobre las tropas dormidas del general Hobark Raymond Gay (1894-1983) y masacra a 500 soldados estadounidenses. A continuación se retira.

El 6 de noviembre, Douglas MacArthur entiende que se ha equivocado y, sin avisar a nadie, ordena al general George Edward Stratemeyer (1890-1969) que ataque los puentes del Yalu con la ayuda de 90 bombarderos. Tres horas antes del despegue de los aviones estadounidenses, el general y secretario de Defensa, George Catlett Marshall, es puesto al corriente de la situación y prohíbe de inmediato la operación. Douglas MacArthur está convencido de que se trata de la única táctica militar que es conveniente aplicar y se muestra en desacuerdo con esta decisión. Además, considera que las restricciones impuestas por Washington son contraproducentes y nefastas para el ejército estadounidense.

Dos días después, se autoriza finalmente la operación, pero los detalles del ataque cambian y solo se podrá bombardear la orilla coreana del Yalu, lo que excluye las presas que proporcionan electricidad a Manchuria. Pero cerca de Antung (hoy en día Dandong), en Manchuria, hay estacionados aviones de caza soviéticos, lo que permitiría a los soviéticos ganar la batalla sin que los occidentales puedan seguirles hasta su base. Douglas MacArthur señala esta absurda situación a su Estado Mayor y solicita permiso para entrar en el espacio aéreo chino; el presidente se niega por miedo a que el conflicto se transforme en una guerra general. El Consejo de Seguridad renueva entonces la prohibición de violar el santuario manchú, pero autoriza una nueva ofensiva sobre la orilla coreana del río para sondear la capacidad de reacción de los chinos. Unos días después, Douglas MacArthur hace llegar a Washington un mensaje en el que describe la alarmante situación en la que se encuentran las Naciones Unidas: «Las escasas fuerzas con las que cuento se enfrentan a toda la nación china en una guerra no declarada. Si no se toma ninguna medida concreta y de forma inmediata, se perderá toda esperanza de éxito y será necesario contemplar [...] iniciar una larga guerra de desgaste»[1] (Delmas 1982, 116).

De forma paralela, Wu Hsiu Chuan, el representante del Gobierno de Pekín en las Naciones Unidas, rehúsa responder a las preguntas sobre la participación de su país en la guerra, alegando una supuesta agresión estadounidense en Taiwán. El diálogo entre los chinos y los estadounidenses es inexis-

---

1. Cita traducida por 50Minutos.es

tente, lo que deja presagiar un conflicto más importante en el que los occidentales no están seguros de conseguir la victoria y en el que su potencia nuclear no es útil.

¿SABÍAS QUE...?

La situación se considera dramática, sobre todo porque circulan rumores que afirman que Rusia apoyaría mediante su aviación a China si Manchuria fuera bombardeada. Además, el 30 de noviembre, durante una conferencia de prensa, el presidente Harry S. Truman deja entrever que los estadounidenses están dispuestos a recurrir a las armas nucleares. Sin embargo, los aliados de los Estados Unidos, con Gran Bretaña en primera fila, no respaldan esta táctica militar. No obstante, pese a la inquietud que suscita esta salida mediática del presidente estadounidense, el uso de la bomba es poco probable.

Efectivamente, los Estados Unidos solo poseen armas como las utilizadas en Hiroshima y Nagasaki, o incluso más potentes. Habrá que esperar a finales de 1951 para que se experimente con las primeras bombas de menor potencia, destinadas a un uso táctico. Por consecuencia, las armas nucleares de las que disponen los Estados Unidos no pueden utilizarse en Corea debido a la proximidad de los combatientes estadounidenses y chinos.

El 31 de diciembre, China lanza su gran ofensiva: 500 000 soldados apoyados por un importante despliegue aéreo, supuestamente norcoreano pero en realidad soviético, invaden Corea y acaban con las tropas occidentales, utilizando una táctica china denominada Hachi-Shiki. Se trata de una formación en «V» abierta hacia el enemigo que se cierra rápidamente sobre él, mientras que, con posterioridad, otro grupo corta las transmisiones, la ayuda y los refuerzos. El 4 de diciembre, las fuerzas chinas retoman Pyongyang y, un mes después, Seúl. Las temperaturas, de -35 °C, también causan estragos en las filas beligerantes.

Ante la urgencia de la situación, las Naciones Unidas consideran evacuar las tropas, pero estas consiguen frenar el avance de los comunistas. El 15 de enero, bajo el mando del general Matthew Ridgway (1895-1993), los estadounidenses pasan a la contraofensiva. El 14 de marzo recuperan Seúl y, a finales del mes, el frente se estabiliza a lo largo del paralelo 38, hasta la firma del armisticio.

LA NEGOCIACIÓN Y EL ARMISTICIO

En marzo de 1951, mientras que la situación sobre el terreno se estanca y los combates esporádicos debilitan las fuerzas de ambos bandos, el presidente estadounidense prepara un proyecto de declaración de paz que transmite a los países aliados. Pero, antes de que se publique el documento, Douglas MacArthur, sin referirse a su Gobierno, amenaza públicamente a China y le da un ultimátum; a continuación, es relevado de su mando y reemplazado por el teniente general Matthew Bunker Ridgway (1895-1993).

Cuando los combates en Corea dan una ligera ventaja a las Naciones Unidas, los occidentales tienen dos opciones:

- luchar hasta la victoria, lo que, para muchos observadores, cambiaría el destino de Asia y el equilibrio de fuerzas mundial entre el bloque demócrata y el bloque comunista;
- aceptar un armisticio sin vencedor.

Harry S. Truman, temiendo que los soviéticos reanuden su influencia en Europa si el conflicto se eterniza, opta por la segunda opción. El 22 de abril, los chinos lazan 34 divisiones, entre ellas 8 coreanas, al asalto del paralelo 38 y dispersan las tropas surcoreanas por el territorio. Pero Pekín, temiendo graves represalias estadounidenses, prohíbe al general Liu Yalou (1910-1965), comandante en jefe de la aviación china, atacar las tropas y las instalaciones de las Naciones Unidas. Así, la ofensiva terrestre del 22 de abril, sin apoyo aéreo, es breve y, a partir del 27 de abril, muchos soldados chinos comienzan a rendirse. El 20 de mayo, el frente comunista se desvanece.

El secretario general de las Naciones Unidas, Trygve Halvdan Lie (político noruego, 1896-1968), promueve negociaciones entre los dos bandos, pero habrá que esperar a julio de 1951 para que China acepte negociar un tratado de paz en Kaesong. Las negociaciones se rompen y se retoman, entrecortadas por batallas dispersas, por conversaciones sobre la entrega de prisioneros y por la elección de un nuevo presidente estadounidense, Dwight David Eisenhower (1890-1969). Finalmente, el 27 de julio de 1953, desembocan en un armisticio militar.

Es el momento de hacer balance. Tras tres años de violentos combates, Kim Il-sung se encuentra al frente de un país totalmente devastado: sus carreteras y sus líneas férreas están destruidas y sus fábricas ya no funcionan. Se estima que dos millones de norcoreanos huyen hacia el Sur y el lado comunista se encuentra a la deriva.

El balance de soldados comunistas muertos en combate o desaparecidos es aterrador:

- 520 000 norcoreanos;
- 900 000 chinos.

También para el bando de las Naciones Unidas:

- 843 500 surcoreanos;
- 136 000 estadounidenses.

Sin embargo, son las poblaciones civiles las que se ven más afectadas. Se estima que un millón de civiles surcoreanos perdieron la vida y que el número de víctimas civiles norcoreanas asciende a dos millones; los cálculos de algunas fuentes alcanzan incluso los cuatro millones.

REPERCUSIONES DE LA GUERRA

La guerra de Corea termina en el mismo sitio en el que comienza: en el paralelo 38. Las dos Coreas ya no están separadas por una frontera, sino por una zona desmilitarizada que cruza el paralelo 38, en diagonal, sobre una franja de 249 kilómetros de largo y 4 kilómetros de ancho. La superficie de los dos territorios de Corea es relativamente idéntica.

COREA DEL NORTE Y COREA DEL SUR

Durante los años 50, Corea del Norte reconstruye su economía y su industria. Según fuentes señaladas por Pyongyang, es una de las economías con mayor crecimiento en esa década. El Gobierno de Kim Il-sung está convencido de que los surcoreanos se sublevarán en cuanto tengan la ocasión, así que envía de forma regular espías y guerrillas, que son pronto descubiertos.

Por su parte, Corea del Sur se recupera de la guerra con más dificultad. La población, dependiente de la ayuda estadounidense, sigue siendo pobre. Además, los años de gobierno de Syngman Rhee, hasta su salida en 1960 tras violentas manifestaciones estudiantiles, están marcados por el clientelismo y la corrupción.

LOS ESTADOS UNIDOS Y LAS NACIONES UNIDAS

Los estadounidenses lloran la pérdida de muchos de sus compatriotas. Nace en Washington un fuerte sentimiento antichino y, durante veinte años, los Estados Unidos se oponen al reconocimiento de Pekín como Gobierno de China, impidiéndole ocupar un asiento en la ONU.

No obstante, la guerra de Corea permite a los Estados Unidos asentar su autoridad sobre el bloque occidental y emerger como una potencia preparada para todo por defender sus intereses y los de sus aliados. Envía así un mensaje contundente a sus adversarios. La potencia de fuego que despliega en Corea hace militarmente creíble al gigante estadounidense y muestra a los ojos del mundo su capacidad de reacción.

Las Naciones Unidas, por su parte, han demostrado que pueden existir como fuerza armada, al contrario que la Sociedad de Naciones creada tras la Primera Guerra Mundial (1914-1918). Asimismo, la intervención en Corea permite a la ONU legitimar su papel como organismo de paz.

EN RESUMEN

1945
División de Corea en dos zonas ocupadas

1948
15 ag.: proclamación de la República
 de Corea (Corea del Sur)
9 sept.: proclamación de la República
 Popular Democrática de Corea
 (Corea del Norte)

1950
***25 jun.*: inicio de la guerra de Corea**
27 jun.: implicación de la ONU en el
 conflicto
15-19 sept.: batalla de Incheon
31 oct.: implicación de China en el
 conflicto

1951
Jul.: primeras negociaciones de paz

1953
***27 jul.*: fin de la guerra de Corea**

- En agosto de 1945, los coreanos se liberan del colono japonés y se marcan como objetivo formar una única y gran Corea.
- Tres años después, tras el fracaso de celebrar elecciones nacionales en el conjunto del país, el Norte, apoyado por los rusos, coloca a Kim Il-sung al frente del país, mientras

que el Sur, aliado de los estadounidenses y de las Naciones Unidas, elige como jefe de Gobierno a Syngman Rhee. A partir de ese momento, existen dos Coreas divididas a la altura del paralelo 38.

- El 25 de junio de 1950, los norcoreanos atraviesan la frontera imaginaria que separa los dos países e invaden rápidamente el Sur de la península.
- Dos días después, el Consejo de Seguridad de las Naciones Unidas decide proporcionar apoyo militar a Corea del Sur.
- El 15 de septiembre de 1950 comienza la batalla de Incheon. Unos días después, los estadounidenses toman posesión de este estratégico lugar y acaban recuperando el Sur de la península. Los ejércitos continúan su avance y, el 10 de octubre de 1950, cruzan el paralelo 38.
- Los chinos se sienten agredidos por las tropas estadounidenses que bordean su frontera y, el 31 de octubre, reaccionan involucrándose en el conflicto. Tras violentos enfrentamientos, la situación alrededor del paralelo 38 se estabiliza.
- En abril de 1951, Harry S. Truman releva de su mando a Douglas MacArthur por no respetar la jerarquía, y lo sustituye por Matthew Bunker Ridgway.
- A lo largo de 1951 y 1952, los estadounidenses y los chinos se enfrentan alrededor del paralelo 38 sin conseguir ningún resultado destacado. Comienzan entonces las negociaciones de paz.
- El 27 de julio de 1953 se firma el armisticio.

¡Tu opinión nos interesa!
¡Deja un comentario en la página web de tu librería en línea,
y comparte tus favoritos en las redes sociales!

PARA IR MÁS ALLÁ

FUENTES BIBLIOGRÁFICAS

- Cadeau, Ivan. 2013. *La guerre de Corée*. París: Perrin.
- Cumings, Bruce. 2013. "L'autre scénario". *L'histoire*, n.º 385. Marzo.
- Dayez-Burgeon, Pascal. 2012. *Histoire de la Corée. Des origines à nos jours*. París: Tallandier.
- Delmas, Claude. 1982. *Corée 1950. Paroxysme de la guerre froide*. Bruselas: Complexe.
- Fabre, André. 2001. *Histoire de la Corée*. París: L'Asiathèque-Maison des langues du monde.
- Fontaine, André. 1976. *Histoire de la guerre froide. De la guerre de Corée à la crise des alliances. 1950-1971*. París: Fayard.
- Fontaine, André. 1983. *Histoire de la guerre froide. De la révolution d'Octobre à la guerre de Corée. 1917-1950*. París: Seuil.
- Hubac, Jean. 2013. *Dictionnaire chronologique des guerres du XXᵉ siècle*. París: Hatier.
- Kersaudy, François. 2003. "Une occupation américaine réussie". *Historia*, n.º 683. Noviembre.
- Solar, David. 2015. "MacArthur, la pipa de la guerra del rey del Pacífico". *El Mundo*. 25 de febrero. Consultado el 20 de febrero de 2017. http://www.elmundo.es/la-aventura-de-la-historia/2015/02/25/54eca6b-ce2704e32678b456d.html
- Souty, Patrick. 2002. *La guerre de Corée 1950-1953. Guerre froide en Asie orientale*. Lyon: Presses universitaires de Lyon.

FUENTES COMPLEMENTARIAS

* Bergeaot, Erwan. 1983. *Bataillon de Corée. Les volontaires français. 1950-1953.* París: Presses de la Cité.
* Dayez-Burgeon, Pascal. 2013. *De Séoul à Pyongyang. Idées reçues sur les deux Corées.* París: Le Cavalier Bleu.
* Dayez-Burgeon, Pascal. 2011. *Les Coréens.* París: Tallandier.
* De Ceuster, Koen. 2013. "La guerre froide coréenne". *L'Histoire*, n.º 385. Marzo.
* Fontaine, André. 2006. *La Guerre froide. 1917-1991.* París: Seuil.
* Leckie, Robert. 1963. *La Guerre de Corée.* París: Robert Laffont.

FUENTES ICONOGRÁFICAS

* Retrato de Syngman Rhee. La imagen reproducida está libre de derechos.
* Retrato de Douglas MacArthur. La imagen reproducida está libre de derechos.
* Harry S. Truman firmando la implicación de los Estados Unidos en la guerra de Corea. La imagen reproducida está libre de derechos.
* Retrato de Kim Il-sung. La imagen reproducida está libre de derechos.
* El general MacArthur observando el bombardeo de Incheon. © US Army.
* Soldados estadounidenses en una batalla callejera en Seúl, en septiembre de 1950. La imagen reproducida está libre de derechos.

LITERATURA

- Sun-Won, Hwang. 1999. *Les Arbres sur la falaise*. París: Maisonneuve et Larose.
- Jin, Ha. 2007. *Despojos de guerra*. Traducido por Noemí Sobregués Arias. Barcelona: Tusquets Editores.
- Roth, Philip. 2010. *Indignation*. Boston: Houghton Mifflin.
- Sok-yong, Hwang. 2010. *Monsieur Han*. Traducido por Choi Mikyung y Jean-Noël Juttet. París: Zulma.
- Wan-Seo, Pak. 2012. *Hors les murs*. Traducido por Hélène Lebrun. París: Atelier des Cahiers.
- Lee, Chang-Rae. 2013. *Les Vulnérables*. París: L'Olivier.

PELÍCULAS

- *Los Puentes de Toko-Ri*. Dirigida por Mark Robson, con William Holden, Grace Kelly y Frederic March. Estados Unidos: Paramount Pictures, 1954.
- *La cima de los héroes (Pork Chop Hill)*. Dirigida por Lewis Milestone, con Gregory Peck, Harry Guardino y Martin Landau. Estados Unidos: 20th Century Fox, 1959.
- *El mensajero del miedo (The Manchurian Candidate)*. Dirigida por John Frankenheimer, con Frank Sinatra, Lawrence Harvey y Janeth Leigh. Estados Unidos: M. C. Productions, 1962.
- *M.A.S.H.* Dirigida por Robert Altman, con Donald Sutherland, Elliott Gould y Tom Skerritt. Estados Unidos: 20th Century Fox, 1970.
- *MacArthur, el general rebelde*. Dirigida por Joseph Sargent, con Gregory Peck, Ed Flanders y Dan O'Herlihy.

Estados Unidos: Universal Pictures, 1977.

¡APRENDER NUNCA ANTES FUE TAN RÁPIDO!

www.en50minutos.es